Inhalt

Gesundheitsschutz am Arbeitsplatz - Pflicht für Arbeitgeber

Kernthesen

Beitrag

Fallbeispiele

Weiterführende Literatur

Impressum

Gesundheitsschutz am Arbeitsplatz - Pflicht für Arbeitgeber

I.Zeilhofer-Ficker

Kernthesen

- Jeder Arbeitgeber hat dafür zu sorgen, dass die Sicherheit und Gesundheit seiner Beschäftigten am Arbeitsplatz gewährleistet ist.
- Zur Unfallverhütung und Minimierung von Gefahrensituationen am Arbeitsplatz gibt es eine ganze Reihe von Vorschriften und Richtlinien, an die sich die Unternehmer zu halten haben.
- Pflicht des Arbeitgebers ist es außerdem, für sicherheitsrelevante Unterweisungen und Schulungen zu sorgen.

- Besonders der Umgang mit Gefahrgütern und Maschinen ist mit Risiken behaftet und unterliegt zusätzlichen Vorschriften.

Beitrag

Unfälle am Arbeitsplatz - immer noch viel zu häufig

Im Jahr 2008 wurden 971 620 Arbeitsunfälle von Gewerbebetrieben an die deutschen Unfallversicherer gemeldet. In 16 823 Fällen waren die Verletzungen so schwer, dass anschließend eine Rente gezahlt werden musste, 527 Unfälle waren tödlich. In der Europäischen Gemeinschaft gehen pro Jahr rund fünfhundert Millionen Arbeitstage durch Arbeitsunfälle verloren. Die Kosten dafür liegen allein in Deutschland bei 15 bis 20 Milliarden Euro pro Jahr. Noch schwerer als die finanziellen Verluste wiegt aber das menschliche Leid, das mit diesen Unfällen verbunden ist. (1), (2), (3)

Dem Gesundheitsschutz am Arbeitsplatz wird in Deutschland seit langem eine wichtige Rolle zugestanden. Schon im 19. Jahrhundert wurden in Preußen die Arbeitgeber dazu verpflichtet, Maßnahmen zum Schutz der Arbeiter zu ergreifen.

Und auch heute noch ist jeder Arbeitgeber per Gesetz dazu angehalten, für die Sicherheit und Gesundheit seiner Arbeitnehmer am Arbeitsplatz zu sorgen. Das Themenfeld Arbeitsschutz ist dabei sehr umfangreich und umfasst von der ergonomischen Ausstattung eines Arbeitsplatzes bis hin zum Brandschutz des Firmengeländes alles Vorstellbare. Ein durchschnittlicher Produktionsbetrieb hat sich mit rund 30 sicherheitsrelevanten Themen zu beschäftigen, in der Chemieindustrie sind es sogar einhundert Themenkreise, in die das Personal eingewiesen werden muss. (4)

Verantwortlich für die Einhaltung aller Arbeitsschutz-Richtlinien ist letztlich immer die Firmenleitung, auch wenn einzelne Aufgaben delegiert werden können. Jeder Chef ist aber gut beraten, wenn er sich über das Thema Gesundheit und Sicherheit am Arbeitsplatz zumindest einen Überblick verschafft - auch im eigenen Interesse. Denn die Produktivität der Mitarbeiter sowie die Qualität der Produkte profitieren von einer effektiven Sicherheitskultur, die schließlich zu geringeren Fehlzeiten, weniger Unfällen und reduzierten Fehlerraten führt. (2)

Der Arbeitsschutz ist aber auch auf europäischer Ebene fest verankert. Seit 1989 gibt es die europäische Arbeitsschutz-Rahmenrichtlinie, die Mindeststandards festlegt. Diese Mindeststandards müssen von jedem Mitgliedsland umgesetzt werden, wobei jedes Land aber eigene, strengere Vorschriften erlassen kann. Gemeinsames Ziel ist die Schaffung einer Präventionskultur, die auf die Vermeidung von Risiken, Gefahren und Unfällen abzielt. (8)

Die andauernden Arbeitsschutz-Bemühungen zeigen Wirkung - in den letzten zehn Jahren wurde die Anzahl der Arbeitsunfälle mehr als halbiert. Trotzdem ist jeder Arbeitsunfall einer zuviel. Arbeitsschutzrichtlinien werden deshalb immer wieder überarbeitet, ergänzt und verbessert, wie beispielsweise die kürzlich neu verfasste EG-Maschinenrichtlinie, die vor allem eine umfassendere Risikoanalyse verlangt. (3), (5)

Was muss jeder gewerbliche Arbeitgeber tun?

Gemäß Arbeitsschutzgesetz (ArbSchG) muss jeder Arbeitgeber in Deutschland für die einzelnen Arbeitsplätze analysieren, welche Gefährdungen mit der Arbeit verbunden sind und entsprechende Schutzmaßnahmen ergreifen. Adäquate notwendige persönliche Schutzausrüstung wie beispielsweise Sturzhelme oder Schutzkleidung muss kostenlos zur Verfügung gestellt werden. Um Langzeitschäden auszuschließen, müssen Arbeitsplätze ergonomisch ausgestattet sein. Darüber hinaus muss das Firmengelände gegen Gefahren wie Brände, Explosionen, Vergiftungen usw. abgesichert sein. Ab zehn Beschäftigte sind die jeweilige Gefährdungsbeurteilung, die ergriffenen Maßnahmen sowie die Ergebnisse entsprechender Überprüfungen schriftlich zu dokumentieren. Zudem müssen auch Kleinbetriebe für eine arbeitsmedizinische und sicherheitstechnische Betreuung sorgen. (1), (6), (7)

Doch das alleine reicht nicht aus. Der Arbeitgeber ist zudem verpflichtet, alle Mitarbeiter über sicherheitsrelevante Fragen zu unterweisen. Selbst Leiharbeiter und Aushilfen müssen entsprechend geschult werden. Je nach Gefährdungsgrad müssen die Schulungen mindestens jährlich, beim Umgang mit Gefahrengütern mindestens halbjährlich wiederholt werden. Um alle betroffenen Mitarbeiter auch wirklich zu erreichen, müssen Präsenzschulungen oft wiederholt werden. Das Lerntempo orientiert sich dabei an den schwächsten Teilnehmern, sodass die Aufmerksamkeit von Wiederholern gerne nachlässt. Bewährt haben sich deshalb E-Learning-Module, die jeder Mitarbeiter zu der für ihn passenden Zeit und in dem seinem (Vor-)Wissensstand angepassten Tempo absolvieren kann. Durch Abschlusstests ist außerdem lückenlos nachweisbar, dass der Mitarbeiter geschult wurde und den Stoff verstanden hat. (4), (8), (9)

Sonderregelungen für besonders gefährliche Tätigkeiten

Nicht jeder Arbeitsplatz ist den gleichen Unfallgefahren ausgesetzt. Der kaufmännische Sachbearbeiter am Schreibtisch ist sicher weniger gefährdet als der LKW-Fahrer von Gefahrgut-Transporten. Für besonders gefährliche Arbeiten gibt es deshalb eigene Arbeitsschutzvorschriften, die zu beachten sind. Unter anderem sind für den Umgang mit Gefahrgütern spezielle Vorsichtsmaßnahmen zu ergreifen und entsprechende Kennzeichnungen vorzunehmen. Ebenso gelten für den Umgang mit Chemikalien, Pharmazeutika, radioaktiven Stoffen und Lebensmitteln besondere Vorschriften. Und auch Fahr- und Transporttätigkeiten sowie Arbeiten an Maschinen sind besonders unfallgefährdet. Für all diese Bereiche gibt es eigene Richtlinien und Normen, denen der Unternehmer zu folgen hat. Es liegt in der Verantwortung der Firma, über Änderungen und Neuregelungen stetig informiert zu bleiben. Berufsgenossenschaften und Unfallversicherungen sowie die Europäische Agentur für Sicherheit und Gesundheitsschutz am Arbeitsplatz (EU-OSHA) können hierbei helfen und stehen den Unternehmen mit Rat und Tat zur Seite. [(8)](), [(9)](), [(10)]()

Trends

Auch wenn die Unfallzahlen sinken - es bleibt immer noch genug zu tun, um ernsthafte Verletzungen und tödliche Unfälle zu vermeiden. Schulungen, Trainings, Notfallübungen werden deshalb auch in Zukunft einen wichtigen Beitrag für den Arbeitsschutz leisten. Schon so mancher Arbeitgeber geht sogar weiter. Damit die Gesundheit ihrer Arbeitnehmer auch langfristig erhalten bleibt, bieten einige Unternehmen Firmensportprogramme, Massagen, Yoga, Gymnastik und ähnliches an. Und die Arbeitsschutz-Vorschriften werden immer häufiger nicht mehr als lästiges Übel sondern als wichtige Unterstützung beim Streben nach effizienten und störungsfreien Arbeitsabläufen erkannt. (1)

Fallbeispiele

OHRIS heißt ein Arbeitsschutz-Managementsystem, das vom Freistaat Bayern zusammen mit der Industrie entwickelt wurde. Das System schafft klare Verantwortlichkeiten und systematisiert den Arbeitsschutz. Schon 270 bayerische Unternehmen mit über 140 000 Mitarbeitern setzen OHRIS mit großem Erfolg ein. (11)

Eine breite Angebotspalette zum Thema Sicherheit

von Maschinen bietet die Firma Sick. Die mehr als einhundert geschulten Sick-Sicherheitsexperten führen pro Jahr über zehntausend Sicherheitsinspektionen durch und verleihen das Sick-Prüfsiegel für sichere Maschinen. Aber auch Beratungs- und Engineering-Dienstleistungen sind bei Sick zu bekommen. (12)

Der Transport von Gefahrengütern birgt große Risiken durch unsachgemäße Handhabung oder im Fall eines Unfalls. Das dreihundert Seiten starke Buch Gefahrgutfahrer unterwegs 2010 enthält alle relevanten Vorschriften und Informationen zum Thema. Das Buch ist über den Heinrich Vogel Verlag erhältlich. (13)

Weiterführende Literatur

(1) Zum Glück angeschnallt
aus DVZ, Nr. 139 vom 19.11.2009

(2) Arbeitsschutz: Zertifizierungen geben Auskunft Sicherheitskultur als Wettbewerbsvorteil
aus Industrieanzeiger, Heft 31, 2009, S. 53

(3) Alle startklar? Maßgeschneidert
aus ke - konstruktion + engineering, Heft 8/2009, S. 50-51

(4) Effizienter schulen E-Learning-Module für die

Sicherheitsunterweisungen der Mitarbeiter
aus PROCESS Nr. 010 vom 23.10.2009 Seite 068

(5) Neue EG-Maschinenrichtlinie verschärft
Explosionsschutz Ende Dezember 2009 löst die neue
EG-Maschinenrichtlinie 2006/42/EG die bestehende
EG-Maschinenrichtlinie 98/37/EG ab. Die Vorgaben
für die Sicherheit von Maschinen werden weiter
verschärft. So sind unter anderem spezielle
Richtlinien zum Explosionsschutz immer vorrangig
anzuwenden.
aus MM MaschinenMarkt Nr. 049 vom 30.11.2009
Seite 038

(6) Hilfe oder notwendiges Übel?
aus afz journal Nr. 11 vom 04.11.2009 Seite 007

(7) Unfallverhütung Regeln und Vorschriften für die
Benutzung persönlicher Schutzausrüstung Die
Vorschriften zum Einsatz von persönlichen
Schutzausrüstungen in Form von staatlichen
Gesetzen und Verordnungen sowie
Unfallverhütungsvorschriften der
Unfallversicherungsträger enthalten die für die
Auswahl und Benutzung von persönlichen
Schutzausrüstungen einschlägige Bestimmungen.
Allerdings weisen auch andere Vorschriften auf die
Auswahl hin.
aus MM MaschinenMarkt Nr. 036 vom 31.08.2009
Seite 028

(8) Besser vernetzt
aus Gefahr/gut, Heft 12/2009, S. 38-39

(9) Chancen oder Belastungen?
aus Fleischwirtschaft 12 vom 15.12.2009 Seite 036

(10) Risiko raus - sicher fahren und transportieren
aus afz - allgemeine fleischer zeitung Nr. 03 vom 20.01.2010 Seite 016

(11) Arbeitssicherheit geht bei den BaySF klar vor...
aus Agra-Europe (AgE), 50. Jahrgang Nr. 47 vom 16.11.2009

(12) Ganzheitliches Sicherheitsdenken
aus "a3-volt" Nr. 10/09 vom 01.10.2009 Seite: 16

(13) Stets auf dem neuesten Gefahrgut-Stand
aus Gefahr/gut, Heft 10/2009, S. 33

Impressum

Gesundheitsschutz am Arbeitsplatz - Pflicht für Arbeitgeber

Bibliografische Information der deutschen Nationalbibliothek

Die Deutsche Nationalbibliothek verzeichnet diese Publikation in der deutschen Nationalbibliografie; detaillierte bibliografische Daten sind im Internet über http://dnb.d-nb.de abrufbar.

ISBN: 978-3-7379-1103-0

© 2015 GBI-Genios Deutsche Wirtschaftsdatenbank GmbH, Freischützstraße 96, 81927 München, www.genios.de

Alle Rechte vorbehalten. Dieses Werk ist einschließlich aller seiner Teile – z.B. Texte, Tabellen und Grafiken - urheberrechtlich geschützt. Jede Verwertung außerhalb der Grenzen des Urheberrechtsgesetzes bedarf der vorherigen Zustimmung des Verlags. Dies gilt insbesondere auch für auszugsweise Nachdrucke, fotomechanische

Vervielfältigungen (Fotokopie/Mikroskopie), Übersetzungen, Auswertungen durch Datenbanken oder ähnliche Einrichtungen und die Einspeicherung und Verarbeitung in elektronischen Systemen.